JN436605

오늘의문학시인선 430

오솔길을 걸으며

이종세 시집

오늘의문학사

국립중앙도서관 출판예정도서목록(CIP)

오솔길을 걸으며 : 이종세 시집 / 지은이: 이종세. -- 대전
: 오늘의문학사, 2018
p. ; cm. -- (오늘의문학시인선 ; 430)

ISBN 978-89-5669-939-4 03810 : ₩9000

한국 현대시[韓國現代詩]

811.7-KDC6
895.715-DDC23 CIP2018026296

오솔길을 걸으며

권두평설

공감대를 확장하는 삶의 희로애락

— 이종세 시집 『오솔길을 걸으며』 감상기

문학평론가 리 헌 석
(사) 문학사랑협의회 이사장

1.

이종세(李宗世) 시인은 희수(喜壽, 77세)를 맞은 분입니다. 그만큼 세상에서 다양한 경험을 하였을 터이고, 이에 연유함에서인지, 지도자적 품격을 발산하는 분입니다. 회사원과 공직자로서 선공후사(先公後私)하는 자세를 견지하며, 바른 심성으로 살아온 모범적인 가장이기 때문에 형성된 인격으로 보입니다. 현직에서 물러난 후, 선생은 자신의 사상과 정서, 그리고 생활 속의 희로애락(喜怒哀樂)을 시(詩)로 빚는데 100여 편이 넘습니다.

선생은 자신의 작품 수준을 가늠할 수 없어, 전의이씨 종친 이찬로 시인에게 작품을 보이면서 그 수준에 대하여 문의합니다. 대전 동구문학회 회장을 맡고 있는 이찬로 시인은 시집 1권 분량의 작품을 문학전문지 계간 『문학사랑』의 신인작품상에 (시인을 대신하여) 응모합니다. 문학전문지의 평가를 받아, 수상 작품에 선정되면 시인으로서 희수 기념 시집을 발간하고, 수상하지 못하면 다시 퇴고하여 좋은 작품을 빚어야 한다는 견해에서입니다.

다행히 100여 편의 작품에서 우수한 작품들이 십수 편 선별되었고, 그 중에서 5편이 최종 신인작품상을 수상하여 시인으로 등단합니다. 이에 따라 첫 시집 『오솔길을 걸으며』를 발간하기에 이르고, 이 시집 발간에 맞추어 몇 편의 작품 감상에 나섭니다.

2.

전의이씨 화수회(花樹會)에서 조상 섬기는 일에 앞장서고 있는 선생은 동양적 예(禮) 사상을 삶의 뿌리로 삼고 있습니다. 그런 견지에서 어머니에 대한 사랑과 그리움을 몇몇 작품에 반영하여 새로운 감동을 생성(生成)합니다.

작품 「봄날은 간다」에도 그 정서가 투영되어 나타납니다. 1연의 〈깜빡이는 아기별은/ 밤마다 찾아오는데/ 살구꽃 피는/ 봄이 와도 못 오시나요?〉에서 어머니에 대한 그리움을 간절히 표출합니다. 2연의 〈어머니, 새 옷 입고/

분 바르지 아니 하셔도/ 곱던 어머니/ 하얀 저고리 검정치마만/ 입으시고 오세요.〉에서 어머니의 임재(臨在)를 갈망하는 시인의 내면을 만납니다. 3연의 〈설거지하며 부르시던/ '봄날은 온다'/ 어머니 애창곡/ 들려주실 수는 없나요?〉에서 추억 속의 현장을 되새깁니다. 4연의 〈오늘도 마당가에는/ 복사꽃 한창인데/ 어머니 가신 곳은/ 얼마나 먼 곳인가요?〉에서 만날 수 없는 이승과 저승의 물리적 거리와 정서적 간격에 안타까움을 담습니다. 이러한 정서를 담은 작품을 감상하기로 합니다.

어려, 어머니 품에 안길 때에는
어머니 품이
그렇게 자애로운 줄 몰랐습니다.

철없이 군다고 나무라실 때는
나만 옳고
내가 잘난 줄만 알았습니다.

마지막 어머니 손을 놓을 때,
따뜻한 모닥불 사랑이 꺼졌음을
그제야 알았습니다.

어느 날, 벽에 걸린 어머니 사진을
물끄러미 바라보니
생전에 웃는 그 모습 그대로였습니다.

'이제야 철들었느냐?' 하시며

바라보시는 그 눈빛
변함없는 사랑 그대로였습니다.

—「어머니의 눈빛」 전문

어머니를 여읜 자녀의 마음이 오롯하게 담겨 있는 작품입니다. 누구나 쉽게 읽고 정서적 감동을 공유할 수 있을 정도로 편안한 작품입니다. 1연과 2연은 시인의 어린 시절 추억입니다. 이러한 제재는 시인만이 아니라, 한국의 자녀들 대부분이 공통적으로 느낄 수 있는 정서입니다. 철모르고 자만하였던 기억을 되살려내었기 때문입니다. 그러나 3연을 통하여 어머니와 시인은 다른 세상에서 살고 있음을 자각하게 되고, 4연처럼 〈벽에 걸린 어머니 사진〉을 통해서만 만날 수 있습니다. 그 사진에서 어머니는 〈이제야 철들었느냐?〉 하시며 자애로운 모습을 띱니다. 마지막 연의 〈그 눈빛/ 변함없는 사랑〉이 생시와 같았다는 시인의 진술에, 세상의 자녀들 대부분이 공감할 터입니다.

이종세 시인의 이러한 정서는 어머니의 추억을 간직하고 있는 수많은 자녀들에게 공감대를 형성할 터입니다. 그리워할수록 그리움이 커지는 경험, 현실의 부재로 인하여 생성된 그리움은 그칠 줄 모른 채 애상(哀傷)을 불러온다는 시인의 화두에 수긍할 터입니다.

3.

이종세 시인은 단형의 시에 단조로운 시상을 전개하고 있습니다. 그러나 몇몇 작품은 산문시 형식을 원용하고 있습니다. 때로는 산문시 형식과 보편적 시 형식을 융합하여 진술과 정서의 교집합(交集合)을 절묘하게 이루어 내기도 합니다.

작품 「여름 단상」은 산문시 형식의 3연으로 구성되어 있습니다. 청소년기에 경험하였던 농촌의 여름 풍경을 사실적으로 그려낸 작품입니다. 1연의 〈가뭄 끝에 장맛비 내리면, 봉천지기 천수답에 흙탕물 채워서 구겨진 주름살에도 웃음꽃이 피네.〉에서 '봉천지기 천수답'은 하늘만 바라보며 농사를 짓는 논입니다. '봉천지기는 천둥지기의 사투리지만 농촌에서는 두루 사용되고 있으며, '물의 근원이 전혀 없어 빗물에 의지하여 경작하는 논'이라는 '천수답'과 같은 의미를 갖습니다. 2연은 마을 앞 정자나무 아래에서 농사에 지친 몸을 쉬는 형상을 그려내고 있으며, 3연은 여름 보신을 위한 음식 만들기의 과정이 그려져 있습니다. 끝 부분의 〈하늘에 떠가던 구름도 기웃거리고, 노란 호박꽃에서 벌들도 윙윙거리지.〉라는 돈강법의 미무리가 빛나는 작품입니다.

시의 형식을 일컬을 때 최근에 유행하고 있는 대중가요

형식과 비교할 수 있습니다. 일반적인 자유시 형식은 전형적인 노래 스타일과 동질적이고, 산문시는 가요계의 '랩'에 해당합니다. 산문시와 일반적인 자유시 형태를 융합한 것은 대중가요에서 노래와 랩의 조화추구와 유사하다고 보면 됩니다. 이런 면에서 이종세 시인의 1시집 『오솔길을 걸으며』에 수록되어 있는 작품들 중 산문시에서 최신의 콜라보레이션 작업 효과를 만나게 됩니다.

> 넓게 살던 세상이 갑자기 좁아졌습니다. 햇빛마저 돌아선 안방 천정만 바라볼 뿐입니다. 창밖에는 인정 없는 찬바람이 어깨를 움츠리게 합니다. 차려온 밥상보다 마음이 더 무겁습니다. 아내도 볼 면목이 없습니다. 학교에 가려고 현관문을 나서는 자식들이 돌아와 돈을 달라고 할까봐 두렵습니다.
>
> 무너진 직장을 힘없이 떠나려니
> 남들이 볼까봐 고개를 돌립니다.
>
> 정겹던 세상인심도 믿을 수가 없습니다. 회사에서 잘린 사람 전화는 친구들도 받지 않습니다. 차가운 세상에서 고개 숙이고 산을 오릅니다. 들길을 걷습니다. 멀리 나타나는 사람을 피하여 곁길로 나섭니다. 밝은 세상을 꿈꾸어 보지만, 몸보다 마음에 먼저 한기가 듭니다. 여름도 엄동입니다.
>
> 어렵게 지난 세월을 되새기려니
> 2018년도 같은 꼴이지 싶습니다.
>
> —「실직자의 설움」 전문

부제(副題)가 'IMF를 맞던 1998년의 삽화'여서 국제적으로 힘들었던 당시를 떠올리며 빚은 작품 같습니다. 혹은 당대를 살아온 증인으로서의 증언일 수도 있습니다. 어찌하였든지, '서정적 자아'는 어느 날 예고도 없이 실직(失職) 통보를 받습니다. 그리하여 〈넓게 살던 세상이 갑자기〉 좁아지는 경험을 만납니다. 〈학교에 가려고 현관문을 나서는 자식들이 돌아와 돈을 달라고 할까봐〉 두려웠다는 내면을 사실적으로 그려냅니다. 그러나 '서정적 자아'를 가장 힘들게 한 일은 가깝던 사람들의 이율배반적 행태입니다. 〈정겹던 세상인심도 믿을 수가 없습니다.〉에서, 가까웠던 사람들의 '등돌림' 때문에 〈여름도 엄동〉이라는 깨달음에 이릅니다.

시인을 더 괴롭게 하는 일은 2018년의 경제 현장이 20년 전과 어느 면에서는 동질성을 띠고 있다는 자각입니다. 김영삼 대통령과 김대중 대통령으로 이어지는 그 시기, 국제적으로 승승장구하던 우리 경제가 나락에 떨어지는 아픔을 겪습니다. 나라가 망한다고 하니, 잘 나가던 기업도 도산하게 되고, 그 기업들을 싸구려로 외국에 팔아넘기니, 근로자들이 설 자리가 없습니다. 그러한 망조(亡兆, 亡徵敗兆)를 우리 국민들이 허리를 졸라매고 극복하였습니다. 없는 살림에서도 허리끼를 졸라매고 악착같이 살아내면서, 스스로 나선 '금 모으기'를 통하여 외채(外債)

를 갚으려고 합심(合心)하던 때를 떠올립니다.

현재도 그러한 징조가 보여서 시인은 괴롭습니다. 〈어렵게 지난 세월을 되새기려니/ 2018년도 같은 꼴이지 싶습니다.〉라는 자각은 선각자의 말씀과 격(格)을 같이 합니다. 서민을 위한다는 '최저임금'과 '근로시간 단축'은 역설적 결과로 진행됩니다. 근로자들을 실직자로 내몰고, 영세한 자영업자들을 도산하게 만들어, 사회 분위기가 급냉(急冷) 직하(直下)하는 현실을 우회적으로 증언하는 작품입니다. 모름지기 시인은 사회의 목탁이 되어야 합니다. 허물어지는 도덕, 망조가 든 경제, 캄캄한 미래를 감지한 후, 어떻게 살아야 하는가에 대한 화두를 통하여, 우리가 나아가야 할 지향을 제시하는 것이 시인의 직분일 터입니다.

4.

이종세 시인은 직접 서술하기도 하지만, 넌지시 비유적으로 형상화하기도 합니다. 서양의 문학 이론가들은 시를 은유라고 하였고, 고도의 은유와 상징이 시를 시답게 한다고 밝힌 바도 있습니다. 이종세 시인 역시 생활 속의 소소한 제재를 작품에 담아내면서, 때로는 비유와 상징을 적절하게 활용하고 있습니다.

작품 「노송(老松)의 소원」에서 시인 스스로 '노송'이 되고자 합니다. 말하자면 제목부터 활유법과 은유법을 원용하고 있습니다. 노송의 소원은 곧 시인의 소원일 터입니다. 1연의 〈내가 만약 고향 동산의/ 노송이 된다면/ 곧고 푸르게 서고 싶다.〉고 소망합니다. 물론 한국의 소나무는 대체로 약간 굽은 형상을 하고 있지만, 금강송을 비롯하여, 하늘로 치솟은 우람한 나무들은 푸른 잎으로 곧고 굵게 자랍니다. 그런 나무가 되고 싶다는 소망은 사회에서 청송(青松)과 같은 역할을 자임(自任)하고 싶다는 의지의 소산입니다. 의지가 곧고 굳건한 선비정신과 겨레정신을 작품에 투영하겠다는 깊은 속뜻이 담겨 있습니다.

푸른 물결 출렁대는
동해바다 저 멀리

의좋은 형제처럼
두 봉우리 솟아 있네.

예부터 동쪽 바다
지켜준 섬인데

왜놈들 떠들고 까불며
건방지게 날 뛰어도

쌍짓거리 악랄하게
침략 근성 못 버려도

독도는 우리 땅이다
한민족의 터전이다.

외롭게 떠 있어도
동해는 우리 바다다.

—「독도」 전문

우리 겨레라면 한번쯤 울분을 토하였을 '독도'에 대한 사랑을 노래한 작품입니다. 역사적으로나 실질적으로 우리가 점유하고 있는 섬이지만, 왜놈들은 악착같이 '즈들 땅'이라고 우깁니다. 이제는 '즈들' 초등학교와 중등학교의 역사 교과서에 '즈들 땅'이라고 써놓고 교육한다고 합니다. 이처럼 안타까운 현실에서 우리 겨레 모두 이종세 시인처럼 작품을 빚는 것은 빛나는 애국 운동입니다. 가만히 앉아 있는 것보다는 말이라도 하는 것이 낫고, 말로 하는 것보다는 글로 표현하는 것이 낫고, 글로 표현하는 것보다는 행동으로 왜놈들을 물리쳐야 낫습니다.

이종세 시인의 100여 편 작품을 감상하면서, 자상하고 따스한 정서를 만납니다. 우리 한국인의 정서와 같이, 인정이 넘치는 작품도 가슴 따뜻하게 감상할 수 있습니다. 그 중에서 몇몇 작품만을 분석하고 정리하여 시인의 지향과 정서를 확인해 보았습니다. 독자들 역시 시집에 수록된 전체 작품을 읽으면서, 이종세 시인의 지향과 정서 공유를 권합니다.

1부 여름 단상

2부 기다리는 마음

3부 낙화암을 찾아서

4부 잣대도 없이

1부

여름 단상

봄날은 간다

깜빡이는 아기별은
밤마다 찾아오는데
살구꽃 피는
봄이 와도 못 오시나요, 어머니!

새 옷 입고
분 바르지 아니 하셔도
곱던 어머니
하얀 저고리 검정치마만
입으시고 오세요.

설거지하며 부르시던
'봄날은 간다'
어머니 애창곡
들려주실 수 없나요?

오늘도 마당가에는
복사꽃 한창인데,
어머니 가신 곳은
얼마나 먼 곳인가요?

여름 단상

가뭄 끝에 장맛비 내리면, 봉천지기 천수답에 흙탕물 채워서 구겨진 주름살에도 웃음꽃이 피네. 새색시가 이고 온 멍에갈치 광주리 밥을 논두렁에 펼쳐놓고 첫 수저로 '고수레' 외치면서 동동 막걸리 곁들이면 흙투성이 손발이라도 시장이 반찬이지. 지나던 사람들에게도 그 맛이 꿀맛이지.

들바람 부는 정자나무 그늘 아래 큰대자로 드러누워 떠가는 구름 위에 지친 몸을 싣고 깜빡 잠이 들며, 세상 모두 내 세상이지.

삼복더위 앞마당에 가마솥 걸어놓고 삼월부터 길러온 약병아리, 인삼, 마늘, 황기, 그리고 가진 약초 듬뿍 넣어 장작불로 푹푹 삶아 놓으면 세상에 부러울 것이 하나도 없지. 온 식구가 들마루에 둘러앉아 시식하면, 하늘에 떠가던 구름도 기웃거리고, 노란 호박꽃에서 벌들도 윙윙거리지.

가랑잎도 울고

하얀 눈이 쌓이는데
네가 잠든 곳에는
아직도 가랑잎이 우는데

눈물로 찾아와 보니
매서운 바람에
마른 억새도 울고 있다.

금방이라도
하얀 눈을 훌훌 털고 일어나
내 손을 잡아 줄 것 같은데

다정했던 목소리로
'반갑구려.'
위로해 줄 것 같은데

할 말 못하고 돌아서는
내 가슴에 아직도
가랑잎 눈물이 남아 있다.

실직자의 설움

— IMF를 맞던 1998년의 삽화

넓게 살던 세상이 갑자기 좁아졌습니다. 햇빛마저 돌아선 안방 천정만 바라볼 뿐입니다. 창밖에는 인정 없는 찬바람이 어깨를 움츠리게 합니다. 차려온 밥상보다 마음이 더 무겁습니다. 아내도 볼 면목이 없습니다. 학교에 가려고 현관문을 나서는 자식들이 돌아와 돈을 달라고 할까봐 두렵습니다.

무너진 직장을 힘없이 떠나니
남들이 볼까봐 고개를 돌립니다.

정겹던 세상인심도 믿을 수가 없습니다. 회사에서 잘린 사람 전화는 친구들도 받지 않습니다. 차가운 세상에서 고개 숙이고 산을 오릅니다. 들길을 걷습니다. 멀리 나타나는 사람을 피하여 곁길로 나섭니다. 밝은 세상을 꿈꾸어 보지만, 몸보다 마음에 먼저 한기가 듭니다. 여름도 엄동입니다.

어렵게 지난 세월을 되새기자니
2018년도 같은 꼴이지 싶습니다.

* 20년 만에 다시 어려운 시기를 맞는 것 같습니다.

오솔길을 걸으며

오솔길을 혼자 걸어도
즐거울 때가 있다.

일가친척 내 식구
친구들이 많아도

혼자 걸으면서
행복할 때가 있다.

지난날 겪었던 희로애락
한 편으로 되돌리며

콧노래 신나게 부르면
음치라도 좋다.

행복과 불행을
마음에서 내려놓고

혼자서 걷는 그 길이
눈물겨울 때가 있다.

노송(老松)의 소원

내가 만약 고향 동산의
노송이 된다면
곧고 푸르게 서고 싶다.

아침에 떠오르는
햇살도 맞고
천태만상 변하는
구름도 만나고 싶다.

시원스럽게 펼쳐진 들녘에서
저녁노을 지는
하늘을 보며
때로는 산새들의
쉼터가 되고 싶다.

외롭고 쓸쓸해도
계절 따라 변하는 세상에서
늘 푸른 노래이고 싶다.

송어 떼가 술잔 들고

진달래 아름다운 산기슭
송어장에서
동창 모임이 있어
부리나케 찾아 갔다.

떼를 지어 놀고 있는
송어 떼처럼
옛 친구들이
우르르 모두 모여 있다.

50년 만에 만나는
코흘리개 어깨동무들
옛 모습은 어디 가고
마음들만 그대로 남아 있다.

서로가 늙었다고
껄껄대고 웃으면서
긴 세월 쌓인 회포
술잔에 띄운다.

잔마다 부딪치는 소리
정다운 박수소리
어느새 송어 떼가 술잔을 들고
우르르 오고 가고 있다.

서산에 지는 해는
갈 길 재촉하여도
지난 세월 펴 놓은
한 마당 떠날 줄 모르네.

미화원을 만나

별도 조는 이른 새벽에
그를 만난다.

비가 오나
눈이 오나
빗자루를 들고 골목을 쓰는
그 사람

각박하고 더러운
세상의 한 구석을
천직인 양
쓸어 담는 사람

버리는 자는 누구이고
청소하는 자는 누구인가?

오늘도 미화원 뒤를 따라
골목을 걸으며
휴지 몇 조각을 주우며
상념에 젖는다.

독도

푸른 물결 출렁대는
동해바다 저 멀리

의좋은 형제처럼
두 봉우리 솟아 있네.

예부터 동쪽 바다
지켜준 섬인데

왜놈들 떠들고 까불며
건방지게 날 뛰어도

짓거리 악랄하게
침략 근성 못 버려도

독도는 우리 땅이다
한민족의 터전이다.

외롭게 떠 있어도
동해는 우리 바다다.

산이 좋아라

물소리 새소리
바람 부는 소리

찔레꽃 솔향기
돌아가는 바위길

흙냄새 땀 냄새
온몸에 담으며

걸어도 좋고
보아도 부담 없는

산이 좋아라
그냥 좋아라

낙엽 쌓인 오솔길
추억을 밟아가고

뽀드득 눈밭 길
추억을 쌓아가며

기쁜 일 슬픈 일
속에 담고 걸어도

갈 때나 올 때나
부담 없이 받아주는

산이 좋아라
그냥 좋아라.

효자의 자격

부모님은
자식들을
사랑하시기에

빨아먹던 알사탕
사랑의 웃음으로
달콤하다.

늙으신 부모님께서
입안에 넣으셨던
달콤한 알사탕

감사와 사랑
기꺼이 받아도
사탕 맛을 모른다.

모란

밤마다 소곤소곤
별님들의 사랑 이야기에
사랑이 그리워
잠 못 이루는 냉가슴

별님들이 애처로워
같이 눈물 머금고
영롱한 아침 이슬
애 탄 가슴 어루만져 주어도

수줍어 말 못하는
냉가슴
붉은 입술만 깨물며
두근두근 님 생각.

가을이 가는 길

햇살이 따갑다고 구태여 가리지 마오. 그것은 바로 가을을 여물게 하는 마지막 손질이랍니다.

귀뚜라미 운다고 시끄럽다 마오. 그것은 바로 가을을 쓸쓸하게 보낸다는 아쉬운 사모곡이랍니다.

낙엽이 떨어진다고 쓸지를 마오. 그것은 바로 새봄을 그리워하며 떠나는 보은의 표시랍니다.

인생이 늙는다고 서러워 마오. 그것은 바로 누구나 한 세상을 살고 떠나가는 마지막 고갯길이랍니다.

욕망

등산이 좋다기에
높고 험한 줄 알면서도

힘들어 오를까 말까
헛갈리는 고뇌 속에

이제는
정상인가 올라서면
봉우리가 또 있고

그래도
정상이 보고 싶어
오르고 또 오르면

그제야
정상에 다다르면
사라지는 구름뿐이지.

수묵 초상화

내 마음속에 그려있는
그대의 모습은
긴 세월 아랑곳없이
지우고 지워도
지울 수 없는 수묵 초상화.

생각하면 생각할수록
언제나 보고싶은
내 삶 속에 영원한 사랑
보아도 또 보고 싶은
수묵 초상화.

내 마음속에 사랑은
알알이 익어가는
아기자기 청포도알
그려도 다시 그리고 싶은
수묵 초상화.

친구 조문하던 날

그대 가시는 길
따라가지 않는다고
서러워 마오.
누구나
타고난 운명대로
제 갈 길로 가는 건데.
누가 먼저 가느냐
누가 뒤에 가느냐
다툴 일도 아니잖소?
한 평생 살다보면
희로애락은
순간순간 뿐이라오.
못다 한 욕망과
아쉬움은
항상 남는 것이라오.
내 말이 서운하다면
다시 만날 수 있다면
그때 가서 따져보오.

삶의 한토막이라도

산길은 좁고 길어도
불평 없이 이어가고

계곡에 흐르는 물은
바위에 부딪쳐도
탓하지 않고 흐르는데

이어진 산길처럼
흐르는 계곡물처럼
자연의 순리대로
살면 될 것을

좁은들 어떻고
넓은들 어떠리오

저 산 위에 흰구름도
말없이 떠나가는데.

화롯불 인생

소매 끝이 시려워
가을인가 느꼈더니

어느덧 노쇠바람
무릎부터 찾아오네.

양 귓가에 흰머리 하나씩
서리바람 불어오면

뒤질세라 두 눈에는
노안 안개 끼는구나.

잔디에 함박눈 내리는 날
꼬박꼬박 다가오는데

사그라지는 화롯불 인생
다독거려 얼마나 가겠소.

나팔꽃

봄여름 다 가도록
오지 않는 님

언제쯤 오실까
남몰래
애태우며

담장 위로
목 빼고
기다리다 지쳐

님 부르던
빨간 그 입술은
까맣게 멍이 들고

저녁노을 움켜쥐며
토라진다네.

국화꽃 필 때

창가에 한가히 앉아
그리운 님 생각하며
국화송이 바라보고 있으면

국화꽃도 님 그리워
먼 하늘 바라보며
조용히 피고 있답니다.

아름다운 국화꽃이
활짝 웃으며
나를 바라보면

내 마음은 어느덧
그리운 님 품속에서
활짝 피고 있답니다.

사랑하는 딸 선아

선아야, 너 그 있잖니! 너 어릴 때 사랑스럽게 잠자는 모습을 물끄러미 바라본 아빠의 마음.

때로는 고사리 같은 네 손 잡고 동네 고샅 다닐 때는 부끄럼도 모르고 즐거운 마음뿐이었다. 언젠가, 빨간 도시락가방 메고 깡충깡충 뛰며 소풍 가는 너의 뒷모습을 흐뭇하게 바라보았지.

네 결혼식 날, 너의 손잡고 걸어 나갈 때 기쁘기도 하지만 걱정도 하며 시집가서 아들 딸 잘 낳고 행복하게 잘 살기만 빌었단다.

콩닥콩닥

불꽃같은 사랑
마음속에서 피면
온몸은 짜릿짜릿

꿈같은 사랑
이룰 때는
혹시나 하고
마음은 두근두근

입술 마주칠 때면
잡힌 토끼처럼
가슴은 콩닥콩닥.

백발머리 동창생 모임

동학사 널따란 식당에 우정의 웃음소리가 조용한 산골짝을 흔드니 나뭇잎도 덩달아 춤을 춘다네.

권하는 우정의 술잔마다 지난 세월 가득 담아놓고 철없던 초등학교 시절 이야기에 안주마저 입가에 머무네.

오랜만에 모셔온 선생님, 부르기도 죄송하지만, 그래도 이제 만나 뵈니 지금도 어린 제자 마음뿐이네.

코흘리개 개구쟁이, 이제 그 모습들은 어디 가고 주름살 백발머리 너고 나고 따질 것 없이 그놈이 그놈일세.

함박눈 녹듯

뒷산 진달래 따먹던
어린 시절 그 봄날은
아지랑이처럼 사라져가고

물고기 잡고 멱 감던
여울 치던 시냇물
어렴풋이 흘러가네.

메뚜기 개구리 잡던
꼬불꼬불 다랑 논두렁은
추억 속에 맴돌고

모닥불 피워놓고
도란도란 얘기 나누던 모습
함박눈 녹듯 사라져가네.

잡힐 듯 말 듯 멀어지는
그리운 내 고향
그 시절이 그립기만 하네.

그게 다 운명

그런저런 세상살이
그럭저럭 살다보면
그렇고 그렇지 뭐.

그래도 한세상 살다보면
그런대로
희로애락(喜怒哀樂)도 있지.

그것이 인생 새옹지마라고
그러니까 자기 운명대로
그렇게 사는 거지 뭐.

분수도 모르고

오로지
욕심이란 놈은
내 것이 아닌 것을
꼭 내 것인 양
善한 마음 흔들고

소유하고 있는 동안
잠시 내 것일 뿐
부질없는
영원한 소유욕
부질없이 살아간다.

고향 친구

친구야 반갑다
그동안 소식 없어
궁금했는데

이제 만나보니
정말 반갑네 그려.

어릴 적 같이 놀던
개구쟁이 이야기가
무척 듣고 싶었소.

지금쯤
우리 동네 살구꽃은
활짝 피고 있겠지.

사는 동안 자주 만나
고향 얘기 나누며
살아가 보세.

2부

기다리는 마음

부질없는 삶

이름 없는 노승처럼
혼자서
산길을 걷는다.

부질없는
속세의 마음
잠시라도 바꾸려

얽히고설킨
칡넝쿨처럼
살아가는 세상만사

흰 구름 떠가듯
이리저리 펼쳐 봐도
그렇고 그럴 테지만.

사랑은

아침이슬 맞으며
활짝 핀 호박꽃같이
마음을 활짝 열어 주는 것.

다닥다닥 매달린
아기자기 참깨꽃 같이
고소한 열매를 맺어주는 것.

이른 봄 새싹같이
고통과 시련을 참으며
용기와 희망을 갖춰 나가는 것.

한겨울 땅에 묻은
동치미 국물같이
시원하게 마음을 풀어주는 것.

가랑비

바람난 시샘 바람이
다홍치마 살며시 들추면

장미꽃은 부끄러워
부푼 가슴 설레고

짝을 찾는 꾀꼬리
정겨운 사랑노래

백합꽃도 합창하며
같이 노래 부르네.

마주보는 은행나무
불꽃같은 눈빛 사랑에

심술궂은 가랑비는
밤새도록 내리는가?

검정 빽 아가씨

아침마다 출근길
마주치는 아가씨
짙은 청바지에
검정 빽 메고
안보는 척
살며시 곁눈질 하네.

비가 오나 눈이 오나
표정은 하나
한번쯤 만나서
인사라도 해볼까
그래도 마주치면
못 본 척 지나가도

뒤돌아보고 싶은 마음은
언제나 하나
눈길 주던 그 아가씨
어느 날 나타나지 않을 때
행여 다시 못 볼 까봐
섭섭한 마음도 하나.

기다리는 마음

강둑에 홀로 앉아
갈잎피리 꺾어 불며
그대를 기다리겠어요.

흘러가는 강 위에
떠가는 나룻배 바라보며
기다리다 심심하면

강물에 돌 던져
퍼져가는 물결 속에
그대 모습 그리며

그래도 안 오시면
갈잎 배 만들어
줄줄이 띄워 보내겠어요.

눈사람이 되어

함박눈아
펄펄 내려라
어지러운 내 마음속까지

네가 펄펄 내려오면
내 마음은
저 하늘로 올라가

꽃을 찾는
나비처럼
너와 같이, 내려와

괴롭고
슬픔 없는
눈사람이 되자꾸나.

문득문득

돈 번다고 집 떠난
아들놈 잘 되어 돌아오라고
더위 추위 부끄럼도 모르시며
동구 밖 네거리 십자선 그려놓고
두 손 싹싹 비비시며 거리제 지내시던
어머니 계시던 그리운 내 고향
문득 문득 생각납니다.

허리가 부러져라 지게 짐 지시고
호밋자루 낫자루 손 놀 날 없이
자기 자신 못 먹고 못 입어도
오직 자식들 잘 되기만 바라시며
주름 잡힌 얼굴로 웃으며 맞아주신
아버지 계시던 그리운 내 고향
문득 문득 생각납니다.

인생열차

고속열차는
정해진 철로 위를 미끄러지듯
산과 들 터널과 강을 건너
목적지까지 달려간다.

우리 인생열차도
자기 운명을 싣고
한치의 오차 없이
탈선하지 않고 달려만 간다

한번 타고난 운명은
아무리 날뛰고 재주를 부려도
자기 운명을 바꿀 수 없고
종착지로 탈선 없이 갈 뿐이다

고속열차는
자기 운명을
한치 앞도 모르면서
쉴 새 없이 달려간다.

딱 한 잔

술 한 잔 합시다.
그래요, 한 잔 좋지요.
그럼 같이 한 잔 하러 갑시다.

술잔은 서로 주고받아야
술맛이 나지 않소.
한 잔 받고 한 잔 주슈.

한 잔이면 어떻고
열 잔이면 어떻소
왜 꼭 한 잔이라 할까요.

그거야 잔 하나로
입 하나 목구멍 하나로
술술 마시니까 그렇겠죠.

허 그것 참 말 되네요
그럼 한 잔하고
나도 한 잔 주슈.

선운사 아침

우거진 동백나무
선운사를 감싸 안고

밀려오는 아침 안개
계곡을 쓸고 오면

은은한 종소리는
졸던 풍경 깨우네.

예불스님 목탁 소리에
촛불도 장단 맞추고

인자한 부처님
중생의 길 인도하시니

붉은 예복 두른 동백꽃도
아침 예불 올리네.

선운사 벚꽃 길

선운사 벚꽃 길에
봄바람 불어오니
세상은 울긋불긋

오는 사람 가는 사람
휘날리는 꽃잎 속에
들뜬 마음 같이 날고

때가 되면 피고지고
만나면 헤어지는
자연의 섭리 속에

사람도 벚꽃도
같이 어우러지며
봄날의 하루를 즐긴다.

홀로 새는 밤

사랑의 그리움
몰아내기 힘듭니다.

그림자 같은
그리움이라면
사랑의 그늘에서
차라리 같이 앉아
놀고 싶습니다.

사랑의 그리움
홀로 새는 밤

잡을 수 있는
그리움이라면
차라리
마음속 침실에 가두고
같이 잠들고 싶습니다.

흰머리

물이 흐른다고 합니다.
세월도 흐른다고 합니다.
쉴 새 없이 흐른다고 합니다.

물은 곳에 따라
쉬기도 하며 흘러가는데
세월은 영 쉴 수가 없나봅니다.

멈추지 않는 세월은
오늘도 사정없이
흰머리 셀 틈도 주지 않고

달력은 꼬박꼬박
하루도 빠짐없이
넘어갑니다.

백담사의 기도

신선도 길을 잃는 길
구름 쌓인 산골길은
담쟁이넝쿨같이
꼬불꼬불 올라가고

흐르는 계곡물은
돌 머리만 쓰다듬고
쉬지 않고 흘러가네.

울리는 목탁소리
산골을 흔드는데
치는 사람 듣는 사람
마음마다 다르더라도

소원성취 바라는 마음
하루빨리 이루기를
침묵 속에 빌고 있네.

겨우 땅 한 평

남의 신세 지며
틈 부비고 살아온
새옹지마 인생살이

마지막엔 물 한 모금도
힘겨워 못 마시고
못 다한 정 다 쏟기도 전에
눈물도 멎어가네

일가친척 죽마고우
비몽사몽 스쳐가고
영원히 살고 싶은 생의욕심
한순간 사라지는데

생전에 모은 재산
마음대로 다 못쓰고
겨우 땅 한 평이었구나.

위수강운

가끔 혼자 있을 때면
옛날에 같이 놀았던
친구가 생각난다.

눈만 뜨면 만나던
친구의 모습이
영화 필름처럼
돌아가다 보면

금방이라도 달려가
이야기 나누고 싶어도

자새 떠난 방패연처럼
멀리 떨어져
각자 살고 있기에
그리움만 찾아오네.

금지선이라도 긋고
잠시라도 정든 그리움을
잊으려 해도

정답게 놀던 옛 추억만
연자방아처럼 돌고 돌아
잊을 수 없네.

산새도 울고

산새들도 울고 넘는
네가 있는 이곳을
나도 울며 찾아왔다.

그대가 생전에 하지 못한 말
혹시나 들려 줄까하고
울며불며 찾아왔다.

잠시 그대 앞에 앉아
눈을 감고
옛날을 생각하면
정답게 웃는 그 모습이
주마등 같이 살아나고

흘린 눈물 허공에 뿌리니
산새들도 같이 울며
떠나자 하는구나.

하얀 민들레

꿈같은 사랑의 그늘에서
깊은 상처 받아

풍랑 속에 조각배처럼
갈 길을 잃고

쓰린 가슴 움켜쥐며
긴 밤을 눈물로 새울 때

꿈같은 사랑의 단비가
메마른 가슴을 어루만지니

오묘한 사랑 숭고한 사랑
부푼 가슴에 안고

오월의 푸른 하늘을
훨훨 날아간다.

청려장 지팡이

청산은
흐르는 벽계수와
같이 놀고 싶어
가는 길을 막으려 하고

벽계수는
옛정 그리워
떠나지 못해
호수가 되었네.

태산 위에
뜬 구름은
백학이 되어
호수를 맴돌고

황진이는
시 한 수 읊으며
가는 세월 노래하지만

가는 세월 낚으려고
낚싯줄 드리운
늙은 강태공은

그래도
우선 잡고 싶은 것은
청려장 지팡이.

삶

무지개처럼 펼쳐진
꿈 많은 삶 속에서

때로는
허황된 꿈속에서

때로는
바보 같은 어리석음 속에서

때로는
꿀맛 같은 사랑을 나누어도

가다보면 미로
돌아보면 너털웃음

삶의 미완성 속에서
인생길을 걷는다.

행복

마음 어린 발걸음으로 금방 낳은 달걀 쥐듯 부드럽고
따뜻한 사랑스런 그대의 손잡고

바위틈새 비집고 정답게 흐르는 계곡물처럼 그대와 나
이런저런 이야기, 마음과 마음으로 흐를 때

행여 가다가 발목 아플까봐, 잠시 멈춰 서로 바라보면
어느 사이 눈빛 따라 그린 정, 눈에서 눈으로 흐르고

걸으면서 기도하는 마음은 오직 모든 사랑 그대와 함께
달걀 쥐듯 서로 아끼고, 사랑하며 행복하게 살자.

계급장을 달아가며

하나 둘 구령소리, 조교가 두렵고
군번줄만 새것 달은
새까만 이등병.

식기당번 불침번에 먹어봐도 괴롭고
놀아 봐도 불안뿐인
쫄다구 일등병.

일등병 이등병 이유 없이 불러대며
고참이라 으스대는
얄미운 상등병.

사역병 집합에는 고참 열외 챙기면서
제대 날짜 달력 보며
밥맛타령 병장님.

같이 뛰던 정든 전우, 희망주고 떠나면서
군대생활 돌아보며
전역하는 만기하사.

씨알이 없더라도

그대와 손잡고
사랑을 속삭일 때는

씨알 없는 속삭임도
내게는 진실뿐이라오.

한동안 소식 없을 때면
외롭고 초조하고

씨알 없는 기다림도
내게는 불안뿐이라오.

그대가 떠나고
잠시 생각하니

씨알 없는 그리움
마음에서 떠날 수 없다오.

타향살이 몇 해던가

여름밤이면
냇둑에 나란히 앉아
흐르는 별똥별 세어가며
다투던 고향 친구들을 생각한다.

오랜만에 고향 찾아와
그 옛날을 회상하니
다투고 얄밉던 친구들도
타향으로 모두 떠나가고
십년이면 강산도 변한다더니
산과 들이 많이도 변했네.

같이 뛰놀던 고향 친구
산토끼 쫓던 뒷산
메뚜기 잡던 앞뜰
객지에서 살다 와보니
고향도 타향 같아
옛 추억만 그립네.

그저 뿐이죠

그대가 옆에 있으면
즐거운 마음뿐이죠.
하고 싶은 말 전부 못해도
그저 즐겁답니다.

그대가 옆에 없을 때는
허전한 마음뿐이죠.
하고 싶은 말 다 했어도
그저 허전하답니다.

그대를 만날 때면
기쁜 마음뿐이죠.
내 모든 것 다 주어도
그저 기쁘답니다.

만났다가 헤어질 때는
섭섭한 마음뿐이죠.
주신 사랑 다 받아도
그저 섭섭하답니다.

구름은 떠나가고

저기 가는 저 구름아
어이 그리 떠나는가

천생에 맺은 인연으로
잠시라도 머문 정

한 자락도 나누지 못하고
그리 쉽게 떠나다니

불러보고 울어 봐도
매정하게 떠난다면

이 고통 이 괴로움이나
같이 안고 떠나야지.

바람아 내 마음 알거든
쌓였던 정 모두 안고 떠나거라.

너와 나

그림자는
빛이 있어야 하듯이

너와 나는
빛과 그림자

더울 때는
찬 것을 좋아했고

추울 때는
따뜻한 것을 좋아했지

우리들은
언제나

너와 나는
빛과 그림자.

행복의 무게

사랑하는 사람과 가벼운 마음으로 즐겁게 걸어 보세요. 힘들고 무거운 마음도 사랑을 나누며 걷다보면 행복을 느끼기도 합니다. 행복이 무엇인지 사랑이 얼마나 깊은지 따질 것 없이 걸어보세요. 걸어간 길이만큼 사랑도 그만큼 길어지고 행복의 시간도 길어집니다.

진정으로 사랑을 하며
걸으면
인생을 힘들게 걸어도
그때가 행복한 때랍니다.

3부

낙화암을 찾아서

바꿀 수 없는 것

하루 한시라도
만나면 마냥 좋아서
온 세상 모든 사랑
나만 가진 것처럼

폭우가 쏟아지고
눈보라가 몰아쳐도
내 사랑만큼은 절대로
마음 속 깊이깊이

이 세상을 다 준다 해도
무엇과도 바꿀 수 없는
나 혼자만 보고 싶은
하늘같은 내 사랑.

낙화암을 찾아

백화정 절벽 아래 말없이 흐르는 백마강, 한가히 떠가는 유람선은 옛일을 잊은 듯 봄날을 즐기기만. 슬피 떠는 고란사의 종소리는 망국의 한이 되어 절벽에 부딪치며 처량하게 울리고. 충신과 궁녀들의 피눈물은 고란수 되어 흐르고 낙화암 절벽 아래 날아가는 물새는 누구의 혼인가.

서쪽으로 떠가는
백마강 위의 저 구름은….

60년대 시골, 봄

소한 대한 지나면 초가집 처마 끝에 고드름, 수제비 가락같이 떨어져 썰매 타는 아이들은 얼음 녹을까 걱정하고 양지바른 담장 밑에 바지저고리 토시 낀 동네 어른들은 옹기종기 모여 금년농사 과년한 아들딸 걱정에 속으로는 애가 타도 지난 밤 화투 놀음 이야기에 점심 걸러 해지는 줄 모르네. 주룩주룩 봄비가 내리면 졸고 있는 외양간 어미 소는 논밭 갈 걱정에 까만 두 눈만 껌벅이고, 부지런하고 착한 상머슴은 눈치코치 볼 것 없이 겨울 내내 모아둔 외양간 퇴비를 한 짐 지고 논밭으로 달려간다.

부잣집 꽃 댕기 아가씨
꽃바구니 옆에 끼고
나물 캐러 나가면
장가 못간 동네총각들
마음만 싱숭생숭

60년대 시골, 가을

산들산들 가을바람, 가을 햇빛 따라 불어오면 고추 따고 돔보 따서 행주치마 가득 채우고, 지난 봄여름 흘린 구슬땀, 힘들었던 지난 날 모두 잊고 풍년 노래 절로 나지. 우렁 된장 청국장 냄새, 온 고샅에 풍기고 앞마당에 태산같이 볏가리 쌓으면 정승 판서도 부럽지 않고. 홅태 호롱기로 타작 끝낸 마당에서 볏짚으로 나래 엮었지.

지붕 위에
용마루 덮으면
엄동설한 한겨울도
끄떡없지.

60년대 시골, 겨울

동지섣달 긴긴밤, 호롱불 동네사랑방에 마실꾼 다 모아 놓고 구수한 말 재주꾼은 홍길동전 춘향전 펼쳐가며 새끼줄처럼 이어 읽어 가면, 장땡 잡은 화투꾼 소리에 홰를 타고 잠자던 장닭은 첫 새벽을 알리네. 때맞춰 차려온 부잣집 기제사 음복음식 한상 받아 펼치면 고팠던 배도 불룩 나왔지.

모두가 둘러앉아
동동주 한잔씩 나눠들면
밤참 중에 밤참
그 맛이 제일이지.

토끼 같은 사랑

가슴속까지
떨리는 마음으로
그대 손을 꼭 잡은 것은

장미꽃 같은
아름다운 사랑
받고 싶어서입니다.

가슴속까지
떨리는 마음으로
그대를 꼭 안아본 것은

토끼 같은
귀여운 내 사랑
놓고 싶지 않아서입니다.

전의 李城山에 올라

삼복더위 운주산
구름 따라 바람 따라
산등성을 올라가니

구슬땀 떨어진 곳
將軍臺 세워 놓은
高麗 開國 2등 功臣
李 太師公 훈련장.

그 옛날
말 타시고 활 쏘시며,
큰 칼 차고 호령 하며,
위엄하신 그 모습 想像하니
나도 모르게 무릎 꿇고
숙배 드리니
오늘이 천년 전 그 때 같네.

산딸기 익는 길

사랑스런 그대와 같이
정답게 손잡고
산딸기 익어가는
조용한 산길을
걸어보고 싶습니다.

빨간 연어알처럼
알알이 익어가는
산딸기 따서
사랑스런 그대 입에
넣어주고 싶어서입니다.

걷다가 힘들면
도란도란 나누는
사랑이야기,
산딸기가 부러워
빨갛게 얼굴을 붉힙니다.

봄 여름 가을 겨울

엄마 손을 잡고
두세 명 남짓한 꽃밭에
막 돋아나오는 새싹 바라보며
마냥 신기했던 봄.

사랑하는 식구와 같이
정성으로 가꿔놓은 꽃밭에서
장미꽃 백합꽃 향기 맡으며
오순도순 이야기 나누던 여름.

귀여운 아들딸 손잡고
송이송이 피어가는
국화꽃 어루만지며
함께 노래 부르던 가을.

볏짚 엮어 덮었던 꽃밭에
함박눈이 펄펄 내릴 대면
창밖에 어리는 옛 추억이
함박눈처럼 날려오는 겨울.

그래도 손자놈

가끔씩 찾아오는
손자놈들이
귀엽기만 하다.

옛 어른들 말씀에
아들은 내리 사랑
손자는 올려 사랑이라고

말썽꾸러기 손자라도
안 보면 보고 싶고
보면 귀찮기도 하지만
마음만은 흐뭇하다.

사람이 늙으면 애 된다더니
손자들과 같이 놀아보니
즐겁게 노는 데는
친구가 따로 없다.

108번을 빌어도

은진고을 산언덕에
삼단 석재로 모셔놓은
자비스런 부처님

마음을 가다듬고
두 손 받쳐 들어
기도하며 우러르네.

미소 짓는 부처님은
자비의 참 모습인데
불심의 참뜻을
조금이라도 깨우치려
108번을 숙배 드려도

우매한 속세의 마음
일각도 깨우치지 못하고
막연히 비는 소원 성취.

함박눈

삼라만상 펼쳐진
아리송한 세상을 덮으라고
함박눈은
아지랑이처럼
피어 내리는가 보다.

철없이 못다 핀
국화송이에도
온갖 잡새가 모여든
푸른 기와집.
헛된 꿈 모두 버리라고
개벽의 아지랑이는
피는가 보다.

깨끗한 세상
더러운 세상
시간이 지나고 보면
알 거라고
함박눈은 내리는가 보다.

홍시의 마음

푸르렀던 잎새,
모두 떠나보내고
서릿발 맞으며 매달리면
이른 아침 까치들이
제 몫이라 찾아옵니다.

외롭고 쓸쓸해도
고집 세게 끝가지
매달리는 마음은
예뻐서도 잘나서도 아닙니다.

사랑을 나눠주는 봉사
힘들고 괴로워도
매달리는 인내
씨앗을 남길 줄 아는 희망
믿음이 있기 때문입니다.

신의 생각

사람이라면 누구나
소망과 욕심이 존재한다.

그 욕망을 채우기 위해
때로는 믿는 신에게

온갖 정성을 다하여
자신의 소망을 기도한다.

자기 소망만큼은
꼭 이뤄주리라 믿는다.

그러나 신은
어느 누구든지

그 사람의 타고난 운명을
그대로 행할 뿐인 것을….

온고지신

사람과 동물이 다르다는 것은 눈 코, 귀와 입이 달라서가 아닙니다. 짐승들은 날고뜀이 사람보다 낫다 해도 날고 뛰어간 자취를 문자로 기록할 수 없지만, 우리 사람은 다른 동물같이 날고뛰지 못할지라도 문자로 기록하는 능력이 있기에 배워서 새 지식을 쌓으며, 역사를 엮으며 살아갑니다.

옛 선지자 말씀에
지식을 쌓을수록
한없이 부족함을 깨닫고
배우지 못함을 한탄하고
부끄러워한다.

찻잔 속의 생애

식어가는 찻잔 속에
잠시 마음을 띄워놓고
쉬고 있노라면
머릿속에 지난날들이
퍼져가는 김처럼 피어오른다.

조금씩 마시는
차 한 모금도
내 목을 적셔주는데
내 살아오면서
차 한모금 만큼이라도
남을 위해 살았는지

훗날 주위 사람들이
그놈 잘 죽었다보다는
모든 사람들에게 부담 없는
그런 사람으로 살다가
가야 할텐데….

까치야

님을 보낸 밤부터
밖에는 함박눈이 내린다.

가지 말라고 애원하며
붙들고 매달린 그 길에도
아침에 까치가 울면
반가운 소식이 온다는데
행여 가신 님이
다시 돌아오나
창밖을 내다보니
까치는 울어대고
함박눈은 끊임없이 내려
내 마음만 더 무겁구나.

까치야
내 마음 알거든
이 슬픔 이 괴로움 모두 물고
멀리 날아가 주렴
함박눈이 더 쌓이기 전에.

그 말이 듣고 싶소

친구야 우리 서로 만남이
얼마만인가
주고받은 것 없어도
손목 잡아 흔들어 보니
정말 반갑네 그려

우리 어린 시절
깔깔대던 웃음소리
다투며 하던 욕설도
가끔씩 생각났다오.

친구야, 우리 헤어지면
언제 만날까?

웃어봐도 섭섭하고
서운한 마음뿐이라오.
헛말이라도 좋소
어깨 치며 또 만나자고 하는 말
그 말이 듣고 싶소.

계곡의 봄날

청산은 더 푸르고 싶어
봄바람을 부르며
더 푸르러 가고

새 봄 만난 물고기들은
움츠렸던 몸 가볍게 풀고
바위틈을 맴도네.

윤회의 자연 속에
푸르러가는 나뭇잎은
꽃망울을 재촉하고

움츠렸던 물고기는
버들강아지를 희롱하며
봄날을 즐기는데

하루가 짧다 하고 놀아도
봄을 맞는 산천초목이
더 부럽기만 하네.

세월이 지난 후에

팽이 치고 공 차던
어릴 때 넓은 마당
오랜만에 찾아와 보니
웬일인지, 좁아만 보이고.

둥근 박 매달리던
초가집 처마도 낮아 보여
웃음도 나왔소.

후리후리 날씬하던
본촌댁 아주머니
허리 굽어 늙은 모습

넓던 마당 높은 처마
군불 때던 사랑방
모두 감개무량하여
나도 몰래 눈물 흘리고.

인생 무지개

저녁노을 지기 전에
하던 일 덮어두고
시방 빨리 오소.

아름다운 꽃도
아무 때나 필 수 없고
아름다운 무지개라도
해 지면 그만인 것을

노는 것도 때가 있고
친구도 같이 놀 때가
정답고 즐겁지 않소?

친구여,
아름다운 무지개 삶은
아니 놀면, 기회는 지나가고
못 놀면, 후회라 하지 않소?

약속의 날

어느 날이라 기억할 수 없습니다.
그냥 즐거웠던 날이었으니까요.

우리들은 음악도 없이
손잡고 발맞추며 즐겁게 걸었습니다.

소나무 참나무 사이 햇빛이
비집고 나오는 구부러진 산길을

바스락 가랑잎 밟는 소리 들으며
즐겁고 행복하게 걸었습니다.

들뜬 마음 걷다보니
했던 이야기 기억할 수 없었지만

꾀꼬리도 사랑하는 그 길을
종종 걷자고 손가락을 걸었습니다.

욕망

저 산 위에
천상의 마술사들이
펼쳐놓은 뜬구름

때때로 펼쳐지는
천만가지 인생의 설계도

덧없는 세월 속에
이리저리 펼쳐가며
살아온 인생

그렸다 지워가는 구름같이
자유자재 그려가며
남은 인생 순조롭고
건강하게 살아갔으면.

연꽃의 소원

눈보라 비바람이
어린 가슴 쳐대도
혼탁한 수렁 속에
살더라도

외로워도
원망하지 않고
괴로워도
슬퍼하지 않으며

오직
소박하고 진실한
밝은 세상을
비춰주는 등불이 되어

봉사하며
살아가렵니다.

백양사 벚꽃

잠자던 백양사
깊은 산골에
불어오는 봄바람이
나뭇가지 흔들면

늦잠 자던
벚꽃망울들
얼음 녹는 물소리에
놀란 듯 눈을 뜨네.

바람 타고 휘날리는
벚꽃잎들은
봄소식에 흥겨워
온 하늘을 날며

나비처럼 춤을 추니
상춘객도 바쁘네.

조약돌 마음

여울 흐르는 계곡에
경옥(瓊玉)같이 깎아놓은
조약돌 바라보며

허튼 마음
미운 마음 닦고 싶어
눈을 감고 기도하네.

서산으로 해는 져도
조약돌 같은 마음
이룰 수 없고

흘러가는 물소리는
우매한 마음만
휩싸며 흘러가네.

백학이 알을 품고

그 옛날 웅진골 나루터에
오가는 길손들을
배 저어 갈 길 열어주고
가난하고 불쌍한 사람들을
보살펴 주며 살아오신
후덕하신 분 계셨다네.

그곳을 지나던
당나라 고승 주호대사가
그 분 행실과 심덕에 감복하여
갈용 음수 명당자리
점지해 주셨다네.

비록 묘소 앞에
고관대작 이름 없어도
그 음덕 발복으로
강변에 모래알처럼
후손들이 번창하고
명성이 세상에 자자하다네.

어느 늙은이의 소원

때로는 보름달이
위로의 식량을 채워주고
때로는 커가는 반달이
외롭고 서글플 때
용기와 희망을 주었지.

이제는 한 조각으로
버티며 타다 남은
촛불 같은 존재인데
오직 남은 바람은
분에 넘치는 재물도
이름 석 자 명예도 원치 않고
다만 건강하게 살기라네.

남에게 크게 진 빚 없이
건강하게 살다가
자식들에게 부담 없이
조용히
떠나는 것 그 뿐이라오.

논개가 있었다면

백마강은 옛일을 잊으려고
굽어 돌아가는구나.
의자왕 술잔 뿌린 자리는
꽃 같은 궁녀들이 떨어져
낙화암이라 불러 온다지.

성충 홍수 계백 충신들의
피눈물은 강물 되어 흐르고
옛 주인이 남긴 정, 잊을 수 없어
떠나지 못하는 백마는
물새 되어 강변을 돌며 나네.

논개 같은 궁녀
단 한 명이라도 있었던들
당 나라 장수 소정방은
백마강 물귀신이 되었을 텐데….

초등학교 동창생

윤팔월 지난 늦가을 대전역에서
초등학교 졸업 후
여자 동창생을 처음 만났을 때

마주보며 나눈 인사
반갑고 쑥스러워도
감개무량하였습니다.

어릴 때 모습과 현재의 모습을
비교하며 생각하니
50년 세월이 길고도 빠른 것을
새삼 느꼈습니다.

그래도 서로
격 없이 대할 때는
초등학생 마음 그대로였습니다.

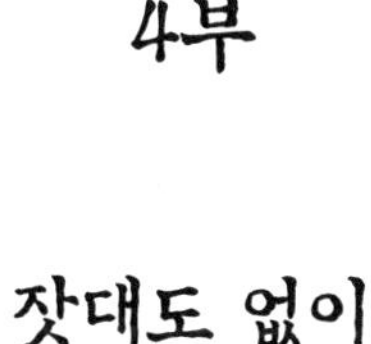

4부

잣대도 없이

황매산 철쭉

긴 겨울잠에 흠뻑 빠진
황매산 철쭉

봄바람이 산들산들
단잠 깨우니

지난 가을
바위틈에 접어놓은
붉은 비단 꺼내어

양지 바른 산비탈에
활짝 펼쳐놓으니

봄바람은 산들산들
황매산은 울긋불긋

철쭉꽃 하면 황매산
황매산 하면 철쭉꽃.

난제(難題)

내가 여유가 있어
남을 돕는다는 것은
자신의 사욕과
자존심을 버리는
아름다운 봉사이지.

내가 여유가 없어도
남을 위해
돕는다는 것은
자신과 싸워
인정을 뛰어넘은
숭고한 희생이지.

산다는 것

한세상 살다보면
결국에는 모두 다
영으로 돌아갈 것을

세상살이 제 맘대로
할 수 있다면
누구인들 걱정 하며
살아가겠오?

삼천갑자 동방삭도
타고난 운명대로 살다가
털끝만큼 오차 없이
흙으로 돌아갔을 뿐

아등바등 한세상 살면서
단 한번이라도
행복과 불행을 모르고 살았다면
살았다는 의미가 뭐 있겠소?

춘향이의 소원

붉게 지는 저녁노을
한 폭 한 폭 베어다가

달빛 내리는 들마루에
향단이와 마주 앉아

다듬이 방망이로
장단 맞춰 다듬어서

섬섬옥수 고운 손으로
금박 은박 수놓아

옥색 바지 붉은 저고리
정성으로 한 벌 지어

청운 꿈 안고 한양 가는
사랑하는 낭군님께

알성급제 소원성취
빌고 빌며 입히리라.

뜬구름

조용한 바위에 앉아
지난 세월 생각해 보니
시시 때때 펼쳐지는
뜬 구름 같구나.

삶의 설계도를 보며
눈 돌릴 틈 없이
살아왔던 지난세월

때로는 천태만상 꿈속에서
행복의 그림을 그려가며
지우고 바꾸며 살아도
아쉽고 후회뿐인 지난날들.

그래서 삶의 욕망사는
미완성만 남기고
아쉬운 뜬구름이던가?

함박눈이 내리는 날

펄펄 함박눈이 내리는 날
그대는 나에게 말했죠.

아름답고 포근한 사랑
함박눈처럼 듬뿍 쌓자고.

함박눈이 온 세상에 쌓일 때
나도 그대에게 말했죠.

따뜻하고 행복한 사랑
수북하게 쌓아 가자고.

우리는 서로 다짐을 했죠
하얀 눈처럼 깨끗하게 살자고.

재롱떠는 손자

말썽꾸러기
개구쟁이 손자 놈

천방지축 까불어도
재롱떠는 그놈들이
귀엽고 든든하다

무릎 위에 앉혀 놓고
충효인경 가르쳐도
돌아서 장난치다
잊어버리는 그놈들

철없고 버릇없는
말썽꾸러기라도
제 집으로 돌아갈 때면

시원섭섭하여도
눈에는 삼삼하다

노인

얼굴은 몰라보게
세월이 난도질 하였어도

얼굴 연세로 보아
지긋지긋한 왜정 치하에
공출로 치를 떨며 살아왔고

6.25 전쟁 때는 전우와 같이
시체를 논두렁 넘듯 싸웠고

비록 남들처럼
덜덜 거리는 차 한 대 없이
노인우대 무료전철을 타도

눈감은 그 얼굴에서
성실과 진실의 역사
자랑스럽고 아름답다.

잣대도 없이

산길을 걷다 보면
얽기고 설키며 올라가는
칡넝쿨을 보게 된다.

생의 경쟁에서
욕망의 잣대도 없이
남을 배려하지 않고

때와 장소도 모르며
자기 욕심을 부린다면

언젠가는 갈등으로
서로 다투어
사회는 어지러워지고

모두 다 잣대도 없이
불행할 수 있지.

일장춘몽

아들놈 둘을 낳아놓고 큰놈은 좌의정, 작은 놈은 우의정, 그랬으면 좋으련만. 곰방대 꼬나물고 뒷짐 지고 헛기침 하며 먼 하늘을 본다.

아무리 생가해도 정승 자리는 어렵고 판서 자리라도 두 놈 중에 한 놈 쯤은. 내리사랑 작은놈이 똑똑하고 영리한데, 되면 그놈이 되어야지.

아니야. 그래도 큰놈이 우리 집 대를 이을 장손인데 되면 그놈이 되어야지. 저 멀리 떠가는 뜬구름, 눈 깜짝할 새 감쪽같이 사라진다.

어머니

봄볕 드는 대청마루
무릎베개 뉘어놓고
자장가 부르시며
귓속 밥 파주시던
햇볕보다 더 따뜻한
그리운 품

자갈 깔린 한나절 장터길
멀고 힘드신 줄 모르시고
주머니 털어 사 오신 검정 고무신
잘 맞을까 안 맞을 까 걱정하시며
손수 신겨 주시던 그 손길

햇볕보다 더 따뜻하고
고무신보다 더 질긴
못 잊을 깊은 사랑
아들딸 키워보며
그 옛날을 생각합니다.

누나 생각

봄비가 보슬보슬
내리는 꽃밭에
오월이 오면

지난 이른 봄에
백합꽃 한포기 심어 놓고
시집간 누나가 생각납니다.

주룩주룩 비가 멎고
백합꽃이 활짝 필 때

송이송이 백합꽃도
누나가 보고 싶어
활짝 입을 열고
누나를 부르는 가 봅니다.

두루미 한 쌍

어머니 주무시던 안방 벽에
웬만하면 예쁜 그림 한 점
깨끗이 붙여놓고 보면 좋을 것을

"미꾸라지 한 마리는 온 강을 흐려놔도 두루미는 먹고 놀고 떠나도 그 자리를 흐려놓지 않는다."

뒤돌아보는 한 마리를
힘주어 가리키셨다.

"소인은 남의 잘못을 깨알 같이 캐내도 자기의 허물을 돌아볼 줄 모르나 대인은 항상 몸가짐을 살피며 남을 배려 할 줄 알고 배척하지 않는다."

아는 척 배운 척 있는 척 잘난 척
아나봐라 콩떡이다!

그 말 한 마디

그대가 떠난 후 베개만 껴안고
괴로운 밤을 새웠소.

하루가 지나고 일 년이 지나고
세월이 흘러가도
그대를 생각하면
밤하늘에 날아가는
기러기 한 쌍이 부럽기도 하오.

그 때마다 떠오르는
그대 모습이
날아가는 기러기 같이 사라지면

그래도 생각나는 것은
그대가 마지막 떠나면서
나에게 했던 말,
"당신을 영원히 사랑한다."는
그 말 한마디.

어머니 소원

무엇이 힘들다고, 태어 날 때 한순간도 못 참고 그렇게 울었던가. 고된 열 달을 참으며 산고도 치른 어머니도 계신데, 오줌 똥 분별없이 밤낮으로 싸놓아도 웃음으로 갈아치우시고 바른길 가라고 매 들어도 어머니 마음은 더 아팠을 텐데.

어머니 소원이 무엇인가요? 여쭈어보면, 소원은 무슨 소원, 너희들이나 잘 먹고 잘 살고 아들 딸 많이 낳고 남부럽지 않게 살면 되지. 한 가지 소원이라면 나 죽은 후 너희들이 사이좋게 곶감 대추 나눠 먹고 잘 살았으면 그만이지.

웃으시며 하신
소박하고 의미 깊은
그 말씀 한마디
두렵고 가슴이 벅찹니다.

허수아비 자존심

비탈진 수수밭에
낡은 모시적삼 한 벌에
망가진 밀짚모자
삐딱하게 덮어 쓰고

화통을 삼킬 듯이
아귀 입 딱 벌리고
눈방울 부릅뜨며
부동자세로 서 있으면

허기진 멧돼지
약삭빠른 참새들도
허겁지겁 줄행랑친다.

남들은 못 생겼다고
쑥닥쑥닥 놀려대도
남을 미워도 탓도 않고
자기 임무는 충실하다.

외모만 잘났으면 다냐
실속이 있어야지.

추향제에 참석하고

월오산 언덕에
음력 시월 십오일이 오면
고귀하고 품위 높은
유명 조선 통정대부
우람한 묘소 앞에

제복 입은 후손들이
백학무리 같이 모여들어
무릎 꿇고 참배 드리네.

비가 오나 눈이 오나
오직 그 날만큼은
정성된 마음으로 참석하여
충효인경 가훈 지켜가며
조상을 받들고
종속 간에 우애로
영원히 지켜나가리.

어머니의 눈빛

어려, 어머니 품에 안길 때에는
어머니 품이
그렇게 자애로운 줄 몰랐습니다.

철없이 군다고 나무라실 때는
나만 옳고
내가 잘난 줄만 알았습니다.

마지막 어머니 손을 놓을 때,
따뜻한 모닥불 사랑이 꺼졌음을
그제야 알았습니다.

어느 날, 벽에 걸린 어머니 사진을
물끄러미 바라보니
생전에 웃는 그 모습 그대로였습니다.

'이제야 철들었느냐?' 하시며
바라보시는 그 눈빛
변함없는 사랑 그대로였습니다.

칼로 물 베기

부부가 서로 마음을 닫을 때는
엄동설한 같아도, 때가 되면
꽁꽁 얼었던 대동강 물도
우수경칩 지나면 풀린답니다.

한 뱃속에서 태어난 쌍둥이도
같은 운명으로 살 수 없듯이
남남으로 만난 부부인데
모두가 똑 같을 수는 없다오.

모난 돌도 세월이 흐르면
둥글어 진다는 말 같이
부부간의 행복은
인내와 믿음과 사랑이지요.

시계바늘이 돌고 돌아도
서로 다투지 않고 돌 듯이
부부가 유별하면
다툴 일이 뭐 있겠소?

해는 지는데

잠시 시간을 접고
저녁노을 지는
냇둑에 앉아

접어가는 석양노을에
마음을 실어놓고
그리운 님 생각하니

어느덧 아름다운 석양도
그리운 님 모습도
산그늘 지며 접어가네.

아쉬웠던 그리운 시간
다시 돌아올 수 없다고
송아지 만 울어대고

저렇게 해는 지는데.

고목

동산에 뜨는 해는
생명을 이어가고

서산에 달이 지면
고목은 쓸쓸해진다.

이슬 먹은 나팔꽃
여름을 다 까먹어도
세월을 탓하지 않듯이

외로이 서 있는 고목은
비바람이 몰아치고
아무도 찾지 않아도
세월 원망하지 않고

아름다운 추억만을
가슴에 안고
말없이 사라진다.

세상에 이럴 수가

흐르는 계곡물은
말없이 흘러가고
산에 오르는 등산객들은
잔뜩 짐을 지고 오른다.

맑은 물에 다슬기는
정답게 모여 노래하고
버들치는 꼬리치며
춤을 추고 즐겁게 노는데

겉만 멀쩡한 등산객은
춤을 추고 노래하며
싫도록 먹고 놀다 가도
쓰레기만 남기며 떠난다.

세상에 이럴 수가!

동전 한 잎

사람이 태어날 때는
온 세상이 내 것인 양
두 주먹을 꼭 쥐고 태어난다.

어머니 젖가슴이
얼마나 따뜻하고 넓은지
알지도 못하면서

마지막 세상을 등질 때는
어머니 젖 먹었던 힘,
용을 쓰며 다 써도
그 주먹을 펼 수 없다.

평생에 모았던 재물
하나도 못 쥐고
모시 적삼 한 벌에
동전 한 푼 입에 물 뿐인데.

천렵

윤회 따라 몰려오는
새봄 숨소리에
청산은 더 푸르고 싶어
봄바람을 부르고

잠을 깬 진달래 가슴에
노랑나비가 희롱할 때
새봄을 보내기가
너무 아쉬워

친구들과 냇가에 나가
천렵 한판 펼쳐놓고
동동주 한잔씩 나누며
하루 해를 즐겨보니

푸르러 가는 봄날 하루가
아쉽고 짧기만 하네.

* 천렵 : 냇가에서 물고기 잡으며 한가히 노는 것

실향민의 한

원한의 휴전선 철조망은
아름다운 백두대간을
남북으로 갈라놓고

유유히 흐르는 임진강은
분단 사연 아랑곳없이
한강수와 이유 없이 합치네.

북한 땅 진달래
남한 땅 철쭉꽃은
때가 되면 자유롭게 피는데

서울사람 평양사람
백두산과 한라산은
언제쯤 마주보고 웃음 필까?

지금쯤 북녘 땅
내 고향에 진달래는
자유롭게 피고 있겠지.

후기

글(시)을 써서 남에게 보여준다는 것이 저의 능력으로서는 결코 쉬운 일이 아니다.

글은 쓰면 쓸수록 더 어렵고 또 써놓고 보면 어딘가 부족한 점이 있어 반복하여 쓰는 일이 한 두 번이 아니다.

남들이 써놓은 글을 보면 "어떻게 저렇게 잘 쓸 수 있을까?"하고 그 분들이 정말 존경스럽고 부럽기도 하다.

사실 글을 쓰기 시작한 것은 퍽 오래다. 군대생활, 직장생활 할 때에도 가끔 생각나는 대로 한 편씩 써서 놓아두고 심심하면 들춰내어 혼자 읽어보고 자화, 자책하며 즐거운 시간을 보내기도 했다. 그러므로 같이 있던 동료들도 내가 글을 쓰는 것을 몰랐다.

남들처럼 훌륭한 글도 아니고 어디가 내 놓을만한 글이 아니었기 때문이다. 마음 같아서는 저 유명한 당나라 시인 소식 선생과 이백 선생 버금가는 글을 써 보려고 해도 그것은 나의 허상의 욕심이지 불가능한 것은 당연하다.

"뭐 그게 글이라고 써 보이냐."하고 비웃음과 질책이 따라오기 뻔하다. 다만 욕심을 낸다면 문학적 가치를 띠지 않는다면 저는 무너져 가는 효 문화, 잊혀져 가는 풍속과 언어를 글로 표현하고 싶다.

다행히 늦게나마 훌륭하신 문학사랑 리헌석 회장님, 시인 이찬로 회장님, 그리고 시인 안치호 선생을 뵙게 되어 그분들의 아낌없는 도움으로 뜻을 이루지 않을까 욕심을 내본다.

그간 물심양면으로 저를 아껴주신 위 분들께 진심으로 감사를 드린다.

오솔길을 걸으며

이종세 시집

발 행 일 | 2018년 9월 20일
지 은 이 | 이종세
발 행 인 | 李憲錫
발 행 처 | 오늘의문학사
출판등록 | 제55호(1993년 6월 23일)
주　　소 | 대전광역시 동구 대전로867번길 52(한밭오피스텔 401호)
전화번호 | (042)624-2980
팩시밀리 | (042)628-2983
전자우편 | hs2980@hanmail.net
카　　페 | cafe.daum.net/gljang(문학사랑 글짱들)
cafe.daum.net/art-i-ma(아트매거진)

공 급 처 | 한국출판협동조합
주문전화 | (070)7119-1752
팩시밀리 | (031)944-8234~6

ISBN 978-89-5669-939-4
값 9,000원

* 이 책은 교보문고에서 eBook(전자책)으로 제작 · 판매합니다.
* 잘못 제작된 책은 바꾸어 드립니다.